Mikelita Jean

C'est Marie

Mikelita Jean

C'est Marie

Cette fille, cette femme, ce fruit, cette flamme

Éditions Croix du Salut

Imprint

Any brand names and product names mentioned in this book are subject to trademark, brand or patent protection and are trademarks or registered trademarks of their respective holders. The use of brand names, product names, common names, trade names, product descriptions etc. even without a particular marking in this work is in no way to be construed to mean that such names may be regarded as unrestricted in respect of trademark and brand protection legislation and could thus be used by anyone.

Cover image: www.ingimage.com

Publisher:
Éditions Croix du Salut
is a trademark of
Dodo Books Indian Ocean Ltd. and OmniScriptum S.R.L publishing group

120 High Road, East Finchley, London, N2 9ED, United Kingdom
Str. Armeneasca 28/1, office 1, Chisinau MD-2012, Republic of Moldova, Europe
Printed at: see last page
ISBN: 978-620-6-16974-1

C'est Marie

(Cette fille, cette femme, ce fruit, cette flamme)

Mikelita Jean

Mikelita Jean

C'est Marie

(Cette fille, Cette femme, Ce fruit, Cette flamme)

Table des matières

Elle est d'une beauté sans égale
sans rivale
Elle est cette
brillante et scintillante étoile
qui du ciel soulève les voiles

Elle est d'une grandeur d'âme
Elle est fille
Elle est femme
Elle est fruit
Elle est flamme

C'est bel et bien elle
C'est Marie!

<u>**C'est Marie**</u>

Celle qui fut mise à part pour porter le Messi
Au peuple d'Israeltel que promis
C'est Marie

Celle produit de la race qu'Esaieà prophétisé dans ses écrits
C'est Marie

Celle que Dieua protégé dans le sein d'Anne, qui l'a gardé en vie,
Qui a pour père Joachim, le berger, qui l'a nourrit
C'est Marie

Celle qui s'est fait humble, tout petit
Dès le commencement avant sa conception, qui a tout hérité de lui
C'est Marie

Celleà côté de tant d'autres enfants qui a grandi,
Dans ce vieux bourg de Nazareth, ce beau pays,
C'est Marie

Celle au plus jeune âge qui a eu Joseph,son adorable fiancé pour compagnie
et avec qui,
Elle va s'embarquer sans comprendre dans cette noble mission, son point
d'appui
C'est Marie

Celle qui ce jour- là comme convenu a reçu la visite de l'ange qu'elle a
accueilli
Venant lui annoncer qu'elle serait la mère du Christ, l'emmanuel, le Messi
C'est Marie

Celle qui a accueilli et médité les paroles de l'ange, qui l'a compris
Avec foi et esperance pour cela s'est fait disponible toute sa vie
C'est Marie

Celle qui est envelopée en plenitude de l'Esprit
Venu l'habiter, l'envelopper comme le soleil qui dans nos matins luit
C'est Marie

Celle qui croyait en la promesse, que Dieu a tant aimé, tant chéri,
tant préservé, tant caressé, sa fille pour qui il vit, pour qui il sourit
C'est Marie

Celle qui après le depart de l'ange, au même moment le verbe a pris
chair dans ses entrailles bénies
C'est Marie

Celle dont Elizabeth en la voyant s'est exulté de joie et l'a proclamé "Pleine
de grâce"Que de ton sein sois béni
De Dieu mille fois ce doux fruit
C'est Marie

Celle un jour, un soir a Bethléem qui l'a enfanté, Ce nourrison si petit,
Avec à ses côtés les mages et les bergers venus l'adorer cette mysterieuse
nuit,
C'est Marie

Celle qui l'a gardé, avec Saint Joseph, l'a elevé, de son lait l'a nourri,
C'est Marie

Celle avec Saint Joseph, ce modèle de père responsable,qui le protegeait
jour et nuit
Et s'est enfouis avec lui,
Pour le sauver contre tout dangers,
Des mains d'Herode,
Qui a ses soldats a donné l'ordre,
car il voulait le tuer
C'est Marie

Celle dont la glaive a transpercé l'âme et le Coeur
et qui a souffert de tant d'indifférence, tant d'incomprehension, tant de
douleurs
C'est Marie

Celle qui gardait silencieusement toutes ces choses dans son Coeur, les
repassait,
Au jour le jour les méditait
C'est Marie

Celle qui accompagnait son fils comme toutes les autres femmes
Les yeux baignés de larmes
Qui le suivait sur le chemin de la passion
Et qui assistait avec angoisse et écoeurement à sa crucifixion
C'est Marie

Celle dont le corps fait corps au corps flagellé, ensanglanté,
Du Christ, maltraité, humilié, crucifié,
Sur ce bois taillé,
C'est Marie

Celle qui a versé des larmes d'eau et de sang sortis du côté transpercé du
Christ,
Ce dernier qui a accepté de subir une telle flagellante supplice
C'est Marie

Celle pour qui les bourreaux qui ont sacrifié son fils n'ont point,
Eu de pitié
Qui l'ont roué de coups, l'ont massacré, liquidé,
C'est Marie

Celle qui a enfanté l'humanité au pied de la croix,
Qui a fait de l'amour son unique loi,
C'est Marie

Celle qui accompagne, soutient sur la route,
Les âmesen proie à de multiples doutes,
Des âmes fatiguées, découragées,
Abandonnées, méprisées,
faibles, fragiles, qui se sentent inutiles.
Celle de ses mains habiles,
Qui, sur leurs blessures, y verse tendrement de l'huile.
C'est Marie

Celle qui est devenuela première de toute la race après Eve
Et qui s'est distinguée par sa fidelité, la vraie sève
C'est Marie

Celle qui s'est donnée, s'est abandonée à corps perdu

à Dieu son créateur sans retenu
C'est Marie

Celle que Dieu a comme collaborateur, qui devant lui s'abaisse
choisie avec les saints les anges pour assurer le salut de toute l'humanité
pécheresse
C'est Marie

Celle qui incarnepatience, bienveillance, amour, bonté,
Debordant de son Coeur Immaculé, source de pureté
C'est Marie

Celle en qui le très haut a trouvé toute son caprice,
toute sa passion,en fait son delice,
C'est Marie

Celle avec ses mains magiciens, Dieu a composé un beau bouquet
pour embellir son trône, fait fleurir son palais
C'est Marie

Celle entre les mains de qui à flots toutes grâces se deversent
Comme un torrent,
Comme un affluent.
Celle avec qui il rassemble et point ne disperse.
C'est Marie

Celle qui aime sans ambages, sans préférence,
De race, de classe, de caste, de statut social, sans en faire de différence
C'est Marie

Celle qui a reçu le titre de reine de la terre
Qui fut, couronnée,
Et des cieux avec grâce fut elevée,
Cette vraie manne donnée,
C'est Marie

Celle dont le nom incite au mérite, à l'honneur, au respect,
Qui est trouvée digne et qui hérite de Dieu tous les attraits,
C'est Marie

Celle devant qui les anges du ciel tirent la révérence,
Celle qui met en transe,
Incite à la danse,
C'est Marie

Celle qui est la mère de tous les hommes,mère de toutes les mères,
De tous les peuples, les races peuplant la terre entière,
C'est Marie

Celle qui prend en main notre destin,
Espoir de nos matins,
Assurance de nos lendemains,
Pour comme Dieu le veut à sa manière nous façonner pour notre bien
En son sang,nous transformer,
Nous purifier de nos péchés,
C'est Marie

Celle qui represente le beau jardin de Dieu,
Dans lequel quel que soit l'homme, sortant en tout lieu,
peut venir cueillir à tout instant les plus jolies fleurs de printemps
savourer les plus beaux fruits, ces moments présents
C'est Marie

Celle dont on venère sous tous les vocables,
Qui invite à s'asseoir à la table,
Bouchon du diable!
Cette médiatrice,
Cette madone,
Cette facilitatrice,
Qui aime plus que tout et qui pardonne.
C'est Marie

Elle est fille,
Elle est femme
Elle est fruit,
Elle est flamme

Elle est cette fille
Qui de Dieu en dons et en cadeaux a tout reçu
Parce qu'elle l'a énormément plu,

Parce que devant lui, elle s'est humiliée,
Pour ensuite être elevée,
Jusqu'aux cieux comme la fumée,
D'une offrandepar le créateur agréée

Elle est femme
Brillant là-haut de tout son charme,
Son charme,c'est aussi son arme,
Avec quoi elle s'arme,
Pourdécouvrir et combattre tout ce qui se trame.

Femme du passé, du présent,
Femme d'hier, de l'aujourd'hui et de tous les temps
Femme de tous les ans,
Et la restera toujours
Reine regnant pour toujoursavec lui dans sa celeste cour,

Elle est fruit,
Fruit de la vie,
Fruits de l'Esprit,
fruit du divin amour liant Dieu le père à toute l'humanité
Qu'il a lui-même créé
Étant elle- même sa fille, sa servante,
produit de cette humanitéen tout point qui chante.

Elle est flamme,
Cettepuissante flamme,
Qui embrase d'amour les Coeur des hommes qui sont en proie a toutes
sortes de maux ici-bas.
Flamme dévorante, qui ne brûle pas,

C'est bel et bien elle
C'est Marie
Cette fille,
Cette femme,
Ce fruit,
Cette flamme,

Des fleurs déposées

On n'était pas encore
A la mi-mai
De cette fatidiqueannée.
Mais comme tous les autres mois de l'année,
Pour sûr, Le mois de mai n'allait pastarder
À toucher à sa fin, c'est un constat,
Oui, c'en est un
Que le temps passe vite!
Et l'homme avec lui.

Mois de maiinscrit dans tous ces calendriers
Ce beau mois!
Mois des fleurs
Mois habillé de toutes les couleurs
Couleurs de ces fruits juteux
Comme ces jolies mangues vendues aux marchés
Jolies couleurs de l'arc en ciel
Formant ce demi cercle dans le ciel
Mois baptisé dans l'Eglise mois de Marie
La Sainte Vierge cent fois, mille fois benie

Ah! qu'il me manque à moi, sûrement à d'autres fidèles de cette cathedrale
ces activités, ces messes, ces louanges mariales

Organisées par ce Curé
Dont l'esprit était animé
De très belles idées:
Invité les participants (es) a deposé des fleurs devant l'icône
De la madone,
Qui depuis la haut trône,
Trois fois par semaine,
On en prenait tous cette peine.

Des fleurs de toutes couleurs
De jolies fleurs embéllissant les champs
Les jardins, les alentours de ces maisons.

La mère de Dieu et des hommes, la reine mère
souveraine maitresse des anges
et des archanges
Reine d'un grand nombredechrétiens, choyée
Reine par plus d'un, habitants de la terre, très aimée

aller acheter ou chercher, comme demandé, des fleursvendues
Chez ces marchands de la place.
Ces fidèles qui espèrent en sa tendresse en sa grâce.

Toutes sortes de fleurs poussant au Bel-air
dans les cours de ces maisons,
suspendues à ces branches au-dessus des murs, des cloisons
Donnant sur la rue entourant ces habitations
Enfin de partout
Des fleurs qui s'apparentent a la beaute de cette intrepide femme
pour humblement venir les deposer accompagnées
d'une offrande.
offrandes de prieres et d'oraisons
alimentées par le doux parfum suave de ces fleurs
qui monte vers le très haut, côtoyant le créateur
solidement assis sur son trône.

Ah qu'il me manque à moi ces célébrations, sûrement aussi à d'autres
fidèles de cette Cathédrale,
En transit depuis quelque temps
Après ce puissant tremblement
Et qui attend patiemment
Cette reconstruction.

Ah qu'il me manque à moi, sûrement à d'autres fidèles de cette Cathédrale
ces activités, ces messes, ces louanges mariales

organisé par ce Curé
Dont l'esprit était brillamment animé
De très belles idées
Et qui sans avertir qu'il ne sera
Plus là sur cette terre,
Bien entendu, sans nul doute, il ne le savait pas,
Le coup du destin ainsi l'a surpris
Et le voilà qui est parti
Pour toujours en ce funeste jour
Vers l'Orient Eternel.

<u>**Elle est montée**</u>

La salle de lumière bien éclairée,
Des lampes et bougies de partout allumées,
Le palais royal en or décoré,
De fleurs de toutes couleurs bien orné,

Odeur exaltant remplissant l'air embaumé.
Depuis l'autel jusqu 'a l'entrée,

Du tapis rouge déployé,
Dans la grande salle des invités,
La table des convives bien arrangée,
De mets succulents déposés.

Le cortège royal prêt, devant l'entrée,
La lune, les étoiles soigneusement habillées
Les anges, les chérubins
les archanges à quatre épingles tirés
les cloches prêtes à sonner

les trompettes prêtes à annoncer l'arrivée
de la mère de l'humanité.
Au ciel ce soir, elle est montée radieuse
Escortée de tout côté
Par l'armée des anges
commandée par Saint Michel Archange.

Elle est montée pour prendre place
Près de Dieu son créateur,
Cette madone tant aimée
Cette reine à l'angélique beauté

Qui comme son fils ici-bas
A souffert sa passion,
Et en retour récompensée
Par sa glorieuse Assomption.
Ce soir, elle est montée,
pour près de la Sainte Trinité

là–haut se reposer,
à l'instar des apôtres qui se sont sacrifiés
pour être couronnée.
Puisqu'ici bas le combat mené
A été victorieusement gagné,
La course a été brillamment achevée.

Ce soir, dans le ciel,
Revêtue de lumière,
Sa majesté Marie, la reine
De la terre et des cieux est montée,
Elle est l'Eve nouvellement née
Au milieu du jardin d'Eden de l'humanité.

Fiat Voluntas tua

Pour toi mon Dieu, toujours je serai là,
De mon être tout entier fais-en ce que tu voudras,
Je t'ouvre mes bras, comme je suis, prends-moi,
Je ne veux que te suivre, je ferai tout pour toi.

N'est-ce pas toi mon créateur?
N'est-ce pas toi mon Redempteur?
N'est-ce pas toi mon Seigneur?
N'est-ce pas toi le roi de mon coeur?

N'est-ce pas toi qui m'a tiré de la poussière?
N'est-ce pas toi le Dieu de nos pères?
Celui qui prends soin et nourrit toute chair,
Celui qu'on adore, celui en qui on espère?

Quand sans m'y attendre tu fais choix de moi,
Comment resterais-je immobile à l'appel de ta voix?
Quand pour une mission, c'est de moi que tu fais choix,
Comment ne pas être prête à prendre la route avec toi?

Je suis ton enfant, ta servante,
Je suis ta créature l'être que tu enfantes,
Utilise-moi, façonne-moi comme cela te chante,
Accomplis en moi tes oeuvres clémentes.

Toi en qui, pour qui et par qui
Tout se crée, tout nait et tout vit,
Toi qui gardes mes pas trébuchant, qui les affermis
Toi par qui tout commence et finit.

Je suis ta fille, ton enfant, ta bien aimée,
Je suis prête à tout laisser, tout sacrifier.
Pour te suivre, m'oublier, tout abandoner;
Car tu es mon Dieu , mon roi, mon bien-aimé.

<u>Marie</u>

M es desirs, mes soupirs, Marie et mes rêves

T'appartiennent toi mon opiu M

A ux jours les plus sombres, tristes, avec tes soupirs

Et ton sourire, pour moi tu es l A

R assurée et confiante, en ta générosité, ta sainteté

Je suis comblée bien plus enco R

I mperissable, doux et inouis est ton amour,ta

Fidélité, ta patience envers mo I

E tre ton enfant me rend fière de te prier, t'honorer

Te louer, te benir pour l'éternit E

<u>**Douce mère de Jésus**</u>

D ans ton Coeur M arie si D oux et aimant, J e viens
Faire ma demeure

O ubliant le pass E, l heur E s qui passent, r E passent
Me laissant en pleurs

U ne odeur pa R fumée c'est toi qui de prè S viens
Une rose en main

C aresser, chèr E mère mes nuits et j'ai p U croire
En demain

E n toi je trouve la joie de t'aimer de plu S en plus
Comme ma mère

Petits pêcheurs de poissons

Prenez Notre Dame comme votre patronne, allez de l'avant!
Sous son regard prévoyant,
et celui de son fils Jésus, au regard comme elle si perçant
Naviguez toujours plus en avant.

je le vois naviguer là- bas, un de ces petits voiliers
Sur cette mer caraibes pourtant calme mais agitée
Qui lentement s'en va au loin
Vers l'horizon lointain
Se faufilant à côté de ces grands navires
Conduit par le souffle puissant du créateur de l'univers, avec lui vous
éviterez le pire.

Gonflant les voiles
De ce petit voilier, à voiles
Oeuvre des mains d'homme réalisée
Que Dieu d'une intelligence prête à faire face à toute épreuve a doté.
Pourvu qu'ils prient le Dieu très haut
De ne pas prendre pour rien cette peine sur cette ocean d'eau

Ces pêcheurs de poisons, ces pauvres gens,
Qui s'en vont au large pêcher ces poissons

Avec leurs barques qui avancent lentement, doucement
Sous un ciel bleu au milieu de l'ocean
Sans nuages gris
Sans annonce de pluie
A la recherche de quoi se nourrir avec leurs familles.

Naviguez petit voilier,
Ce bois fouillé, souvent aussi utilisé par ce peuple pour
Vers d'autres rives migrer,
Traverser cette immense frontière d'eau,
Avec en tête trouver l'El Dorado.

Naviguez petit voilier,
Avec à bord ces pêcheurs de poissons,
Qui ne connaissent pas de saisons,
à la mer qui sont intimément liés,
Pas des pêcheurs d'hommeen tout cas,
Comme ce fut le cas
Pour certains de ces apôtres rencontrés
et par le Christ appelés
Pour cette mission, au bord de ces rivages
Sur ces nombreux plages
Apprenant la même profession que ceux d'aujourd'Hui
Ils l'exercent au chaud soleil comme sous la pluie.

Pêcheurs d'hommes, pêcheurs de poissons
Se rendant de très tôt en mer, c'est pour eux une grande passion
Montant à bord de leurs barques,
et s'engagent l'espoir en tête, ils s'embarquent

Sur cet ocean d'eau
L'eau douce, eau salée, ce sel qui leur colle à la peau
Cet ocean sur lequel le fils de l'homme a marché, le dominant
complètement depuis la surface jusque dans la profondeur, le maitrisant.

Ce doux Jesus qui a eu pour mère
La Vierge Marie, et elevé de pair
Par ce grand Saint nommé Joseph, fils de David, un brilliant artisan
et qui connaisait bien sa professionégalement.

.

Naviguez doucement, lentement ce petit voilier
Que je vois s'en aller là-bas au loin
De Bonheur, au grand matin
Avançant sur cet ocean bleu,
Sous ce ciel bleu.

A bon port sûrement, il arrivera avec à bord ces pêcheurs de poissons,
Ces poissons gros et petits qui ont mordu à leur hameçon
Ces poissons grillés que le fils de l'homme a donné à manger
A ces disciplessur le chemin d'Emmaus, croisés
Qui discutaient de la façon dont on l'a crucifié
nourriture que, avant ce triste événement survenu ce jour là,
Il a distribué avec une grande joie
En ce jour à la population affamée
Venue l'écouter prêcher
Au bord de ces beaux rivages
Sur ces nombreux plages.

<u>Tout fut accompli</u>

Tout fut accompli
Dans cette visite inattendue
Dans ce message par l'Ange rapporté qui l'a un peu surpris
Dans cette modeste maison qui a acueilli
ce messager de lumière resplendit qui était venu

Tout fut accompli
Dans sa tête qui méditait ces mots jour et nuit,
Dans ses yeux dans lesquels le bonheur comme une étoile luit,
Dans son corps qui a tout accueilli,
Dans sa chair, ses entrailles qui d'allegresse ont frémi,

Tout fut accompli
Dans son Coeur qui attendait que se réalise cette promesse,
Et elle la caressait avec souplesse et tendresse,

Tout fut accompli
Dans ses entrailles qui comme un berceau le recevait,
Et comme une manne le portrait,
Et comme une plante grandissait,

Tout fut accompli
En ce dernier instant oú son unique fils donna sa vie
Au mont Golgotha,
Au pied de la croix, elle était là,
Oú à perdre voix
Elle l'a entendu crié
Et l'a remis en main propre
A Jean l'apôtre
Qui comme à Bethleém elle l'a reçu
Et a accepté sans hésiter en retour de la prendre
comme sa propre mère chez lui.

Coeur de Jesus, Coeur de Marie

Coeur de Jesus, Coeur de Marie
Deux coeurs qui se comprennent
Deux coeurs qui au rythme d'une danse, à pas cadencés
Se laissent aller, valser,
Deux coeurs qui s'enlassent,s'entrelassent
s'entrainent et qui revêtus d'un grand pouvoir, gouvernent.
Le monde
L'emmène,le surveille à chaque heure, chaque minute, chaque seconde.

Deux coeurs qui l'un dans l'autre se fondent, se confondent
Et qui très bien s'entendent.
Point de différence entre ces deux coeurs là,
Ils se tiennent fortement par la main et ne se lâchent pas

Coeur de la mère, Coeur du fils, fruits de l'Esprit.

Deux coeurs qui se laissent traverser par le même courant
Avec force et puissance les transportant, les emportant
Dans un même élan
Dans la profondeur d'un ocean d'amour divin.
Ils sont unis et forment un veritable lien
Tout, pour le bien de l'humanité.

Deux Coeurs qui s'expriment dans un même langage,
Deux coeurs d'un même sentiment qui sans retenu se partagent
Deux coeurs fous d'amour pour l'homme et la creation,
Deux coeurs épris d'une indicible passion.

Deux coeurs qui s'accordent
Qui font tout dans l'ordre
L'ordre des choses pré-établies
Depuis la genèse des temps
Deux coeurs qui se communiquent, qui s'expriment tout le temps
autant que durera le temps
où les prophéties à l'heure voulue s'accompliront

Deux coeurs qui forment un faisceau,
Deux coeurs d'oú se coulent le sang et l'eau,
Sang et eau formant l'homme
Cette matière faible, poussière!

Parcelle volatilisante dans l'air,
Cet air en profondeur respirer
A pleins poumons,
Cet oxygène qui donne vie
Ce O2, élément chimique indispensable à la survie,
Faisceau d'amour lumineux,
Soleil, étoiles, lune
Astres de lumières.

Et l'Esprit qui couronne tout ça,
Les anime,
Ah! Que le Dieu de bonté est magnanime.

Ki manman sa?

Pitit se nèf mwa
Nan vant tout manman pote sa,
Pou akouche se anba rèl,
Pouse, fòk gen kouray, fòk gen fyèl.
Lè l sòti nan de pla men toutouni
Yon ti rèl, yon ti kriye, epi apre yon ti souri.

Se yon kado, yon bijou, yon espwa ki parèt,
Yon kretyen vivan tou nèf ki fèt,
Yon mistè, yon chè ki soti nan chè,
Yon zetwal ki fenk klere,
Yon pwodwi linivè
Ki komanse jème nan zantray late,
Li pote lajwa, li pote kè kontan nan kay la.

Men gen manman
Ki depi nan vant,
San l poko pouse men ni pye,
Mache derasinen l tankou yon kout pikwa,
Efase l, elimine l tankou yon kout zèklè,
Pitit yo tap pote
Paske yo derefize l , paske yo pa vle pran responsabilite.

Yo te kontan jwe, griyen dan
Lè sa te bon,
Men yo pran tranble, yo voye pye
Lè ti jèm sa tonbe.

Gen manman ki konsanti fè l
Finn pase mizè, pran doulè,
Epi nan lopital yo veye, mare pakèt yo ale,
Yon ti bebe, yon inosan, yo abandone.
Gen manman, sou pil fatra,
Bò lari a, yo depoze l.
Gen manman ki lage l bay yon atranje

Osinon yon fanmi kap maltrete l.
Gen manman manfouben,
Ki pa pran swen ni okipe pitit,
Ki pa janm la lè li bezwen,
Se abiye, soti, makiye al pran plezi.
Yon pitit kap soufri,
Ak men l l ap siye dlo ki nan je li,
Li ta renmen afeksyon manman, men elas!
Li pa ka jwenn ni.

Gen manman ki lakoz pitit pèdi nan bay madichon
Gwo solèy midi.
Gen manman kay ougan ki al vann yo pou ranmase lajan.
Gen manman ki nan tout kafou ap likide yo,
Fè moun pou yo olye yo pale ak yo,
Yon mannyè pou konprann yo.
Sa ki pa abiye yo, ni peye lekol pou yo,
Yo sal nan tout fatra ap cheche manje yo.
Konbyen ti bebe
Yo ansasine
Yo pa menm gen tan wè soley leve?
Konbyen sa ki fèt yo abandone?
Konbyen nan yoak moun yo rete?
Konbyen ki lage nan lari tou piti ap mande?
Konbyen yo vann pou lajan, yo likide?
Konbyen k ap soufri, yo pa voye je gade?
Yon bann manman manfouben
Yon bann manman ki pa gen kè nan men,
Yon bann manman san konsyans,
Yon bann manman ki bay degoutans.

Men erezman
Nan pye lakwa
Jezi pa t kite nou òfelen,
Li te ba nou yon manman,
Yon manman ki menm janak tout manman.
Yon manman ki konn renmen,
Yon manmaan ki gen kè nan men,
Yon manman lè n ap soufri, pou nou zantray li ap senyen.
Yon manman ki gen konsyans,

Yon manman ki gen pasyans.
Yon manman ki pote n nèf mwa nan vant,
Ki pran swen n, ki pran ka n, karese n, dòlote n,
Edike n, ofri n tout sa n vle
Pou sou tè sa anyen nou pa manke
Yon manman ki pa manfouben,
Ki pa lage n lè n ap plenyen.
Kisa n tap fè nan lavi sa
Si Jezi pa t ba nou manman sa?
Kisa n tap fè nan lavi sa
Si BONDYE pa t fè chwa sa?
Yon chwa ki gen tout enpòtans li,
Yon potomitan ki kanpe la
Nan mitan pot kay lavi nou sou tè sa.
Yon manman ki pa vle n pran chemen plezi
Yon manman ki pa vle n pèdi,
Yon manman ki gen mayi l nan solèy, k ap veye lapli,
Yon manman k ap defann ni,
Lè pou l ki ta sòti kote yo sòti,
Ta konprann pou l vinn ak bèk li, beke pitit li,
Yon mmanman ki pa vle n tonbe nan erè
E k ap ede pitit li grandi nan lafwa
Jouk li va pare pou l kite tè sa.

<u>**Tout un mystère!**</u>

Croire en Dieu qui est mystère
En sa sainte mère
Qui étant restée toujours VIERGE
Comme le prophète Esaie, l'a dit
A porté et a enfanté à Bethléem, celui qui est La VIE.
Cette vie qui est elle-même un mystère
Qui prend corps en nous
Parce que la Vierge Marie, cette fille
De Nazareth a accepté sans
Sentiment d'egoisme, de la partager
Elle a elle-même nagé en plein mystère
Cette incarnation sans précédent, sans antécedent
Tout un mystère!

Croire en l'existence de ce Dieu, de ses saints, de ses anges
Qui existent en tout lieu, l'omnipresence
Qui ainsi se manifeste dans l'existence,
Cette réalité que de nos sens l'on perçoit,
Que de nos yeux l'on voit,
Que l'on sent de nos odorats.

Ce grand Dieu qui a son trône dans le ciel,
Et pour marche pied la terre dans toutes ses parcelles,
Il le domine dans ces quatres extremités,
Comme un adorable foetus, l'a enfanté
Pour nous la donner.

La nature dans toute sa splendeur, sa corpulence
Sa beaute, exprime sa presence.
L'espace, le temps, l'environnements le contient.
La terre avec tous ces habitants, noir, jaune, rouge ou blanc
Les pays, les continents,
Ces planètes soigneusement allignées,
Ces millions d'étoiles scintilllantes, ces galaxies

Et nous, les hommes, on ne le voit pas
Et pourtant, il est là.

Tout un mystère!
Que l'homme avec son esprit si étroit
Jamais sûrement ne comprendra,
Car en réalité tout est mystère
Et comme des poissons dans l'eau
Avec leurs nageoires,
Nous nageons, naviguons en plein mystère.

Dieu de nos ancêtres
Qui sont partis depuis des
centaines et des milliers de decennies
Moïse, avant cela
Abraham, Isaac, Jacob,
Notre vie entachée d'opprobre.
Et ce vieux Job!
Qui fut tenté
Malgre lui, dans sa foi
Jusque dans sa chair gravement malade.

Tout est mystère!
La vie, la mort
Un veritable revère!
Et la médaille,
A ce stade,
Qui va l'emporter sur cette piste bien arrangée, bien garni de la vie?
Cette course très rude vers la victoire,
Sprinter il le faut bien, devenir un bon athlète
Sans faille, sans défaut,
Une commande, une demande,
Saura-t-on nous pécheurs d'ici bas l'en satisfaire.
Remporter cette couronne de gloire dont Paul, ce romain convertit
Au christianisme a parlé avec une telle éloquence et assurance
Etant auteur de la majorite des écrits
rapportées dans le nouveau Testament.

Et le Christ qui l'a remporté sans fourberie, sans astuce,
haut la main,

sans faire de diversion,
Sur cette montagne:
Resurrection! Crions de joie!
Applaudissons le Christ-roi!
Assomption de la mère de Dieu,
Offrande de foi.

Tout un mystère! Tout est mystère!
Il est descendu puis il est monté vers les nués
Ces disciples l'ont vu
Et ils ont cru et Thomas qui avait voulu
Voir pour croire;
Car c'était pour lui, apôtre comme les autres
Qui a vecu avec lui, un mystère, un très grand mystère
Qu'il soit ressuscité.
Et d'ailleurs quel mort est revenue à la vie,
De son existence, il n'a jamis vu ça
Et nous qu'avons-nous vu et entendu,
Nous qui existons encore ici-bas?
En sommes-nous temoins?
De tous ces histoires passées
Nous, génération d'aujourd'hui.

Judée, Nazareth, Jérusalem, la Palestine,
Cette guerre fratricide qui n'en finit pas,
Ce combat pour ce territoire.
Cette terre promise, à Moïse, à ce peuple à la nuque raide
A Israel, et ce Phararon, cette odieuse esclavage.
Tout un mystère!

Il est mystère, le Dieu d'Abraham
Et comme tel, le fils de l'homme, son propre fils
Annoncé par l'étoile,
Maître et Seigneur de tous ces mystères
que nous vivons dans la sainte messe
laisse cela ainsi
puisque c'est de cette façon là
qu'il l'a choisi.

<u>**Des visages de Marie**</u>

Des Icônes sculptées dans des pierres,
Des statues dressées avec la même matière,
Des tableaux soigneusement peints
Des milliers de couleurs. sorties de ces mains qui les peint

Des coups de pinceaux
Sur des toiles, sur ces tissus coupée en morceaux
Des dessins sur ces murs,
Des visages de Notre Dame, ces artistespeignant, dessinant les allures,
Des tracées de crayons sur du papier, bien dessinées
Des courbes, des lignes tracées sur ces papiers bien arrangées
Des visages, des images de Notre Dame que l'on fabrique ainsi
Qu'on représente gros ou petits.

Des sculpteurs
Des artistes-peintres divinement inspirés, des dessinateurs
Qui essaient de nous montrer
Ce qu'elle est, à quoi elle ressemble, ce qu'elle a été dans le passé
Sa couleur, sa chevelure, les vrais traits de son visage
En savent-ils son âge?

Sa corpulence, ses sens, sa physionomie,
son teint, son vrai image, le courant de sa vie.
Des millions d'images que l'on voit
Par-ci par-là
Parmi ces dessins, ces images, ces visages
Qui vraiment la ressemble? Qui porte son vrai visage?
Tout, oui tout ne cherche qu' à montrer
Le vrai visage de Notre Dame, la comparer
Dans leur style, leur savoir faire
Un desir, qu' ils cherchent à satisfaire.
Dessinant le caractère, cherchant tous les critères,
Il essaient de la peindre entièrement dans le corps et dans l'âme.

Tout comme son fils et les autres saints
Elle est reconnue de nom, pas de visage.
sont racontées sur sa vie de nombreuses histoires,
Elle est de Nazareth, sa patrie, son terroir.
Son rapportées de nombreuses adages
La bible, le livre des livres nous en fait le récit
Les Evangelistes en ont parlé, mais Luc en a plus clairement et amplement
parlé dans ses écrits
et Esaie l'a prédit dans ses prophéties.

<<A Nazareth elle sortira
Elle sera et restera Vierge et enfantera le messi promis>>

Une devinette, un rêve en plein jour ou en pleine nuit
Et voilà la madone, representée par ces artistes sur diverses formes
Et qui d'un beau sourire à les adresser en retour, les transforme,
Transforme aussi leurs oeuvres, avec cette souplesse!
Oeuvres soigneusement peintes avec tendresse.
De profondes inspirations,
De fertiles imaginations,
Une abondante joie qui s'exprime,
Qui fait corps aux vers et aux rimes.
Diverses notes, des pensées écrites sur des feuilles de papier
A l'encre de la mémoire, memoire innée
D'où sortent de fertiles pensées.

Une franche déclaration,
Une parfaite déclamation,
Des gestes tendres executés
Avec ces nombreux matériaux bien arrangés.
Soigneusement choisis
Rien que pour plaire à elle, à lui.

Ainsi ils sontnombreux à les peindre, les fabriquer
Les dessiner
Dans des moules, des toiles.
En pleine recherche, en pleine reflexions ils y mettent la voile,
Ils utilisent du fer, du bois, du papier, du carton
Tout ce qu'il trouve dans la nature de bon
Comme matériels disponibles specialement faits et préparés pour ça

Pour satisfaire pleinement cette mère là.

Artistes peintres, des sculpteurs, les vitraillistes
Qui fabriquent et peints des saints etd'autres images
De personnages bibliques connues de tous les âges
En somme des professionnels venus d'ailluers
Ceux de la place,
Ceux qui sont morts et ont laissés des traces,
Ceux dont leurs noms jamais dans les souvenirs ne s'effacent,
Des amoureux deNotre Dame.
Que Dieu, garde leurs âmes!

La vierge Marie mis en beauté, de l'esthétique si bien prouvée
Bien habillée, revêtue de somptueux manteaux
bien ornée, couronnée,voilée, entourée de fleurs sur ces tableaux
Accrochées aux murs de ces maisons. une statuette, un tableau,
une image offert en cadeaux.

Bien disposées dans ces Eglises
Ces édifices solidement construites avec leurs écluses,
Aux regards admirateuurs de ces nombreux fidèles
Venus des quatres coins, répondant à l'appel
Pour adorer le Dieu trois fois saints.
Dontsa mère nous demande toujours de le prier et
De faire tout ce qu'il nous dira.

La mère de Dieu
Dans toute sa splendeur, baignée dans
Des rayons puissants de lumière
Jaillissant de partout
Pénétrant toute l'obscurité de la terre
Les chassant.

Elle est depuis des siècles
Objet de nombreux cultes,
fruit d'inonmbrables imaginations créatrices.
Elle suscite un grand respect, cette médiatrice
N'en parlons pas de ces millions d'écrits,
Ces parchemins, ces découvertes.

Ces chants divinement composés, ces poésies
Dans toutes les langues, les dialectes
Parlés, écrits par toutes les nations de la terre
Bienheureuse! dans toutes les langues on me dira

De magnifiques oeuvres,
Des peintures magistrales,
De fascinantes toiles,
Des oeuvres architecturales, picturales
Aux caractères extraordinaires!
Qui la venère, racontent sa vie
Une vie cachée à Nazareth
Qui ne se devoile pas
Une vie devinée,
Une grâce bien méritée,
Une divinité mondialement reconnue,
des titres appréciés, tous ces vocables accrochés à son nom

Peintres, écrivains, artistes, poètes, biblistes,
philosophes
Diseurs, conteurs,
des professionnels chrétiens
Du monde entier, de tous les recoins
En parlent, la représente telle qu'ils le pensent, l'imaginent
La perçoit, la devine, la reconnait selon les histoires
Comme la madone, la mère aimée
Mère de tous les hommes.

<u>**Prendre chair**</u>

Une chair scrupuleusement choisie,
L'heureuse Elue!
Elle a accepté, elle a dit oui,
Elle l'a voulu.

Prendre chair
Dans la chair,
Chair de sa chair,
Le Christ et sa mère
En font la paire!

Elle s'est laissée ouverte,
Elle s'est offerte,
Dans ce profond silence
De son Coeur, elle pense.

Prendre chair
Dans la chair,
Chair de sa chair,
Le Christ et sa mère
En font la paire!

Chair bien gardée, disponible,
prophétie accomplie selon la bible,
Chair bien soignée par ce brillant jardinier,
Terre pour la semence, bien préparée
Pour accueillir le nouveau-né

Prendre chair
Dans la chair,
Chair de sa chair,
Le Christ et sa mère
En font la paire!

Chair qui nourrit,
Chair qui donne vie,

Chair de ma chair
prémice du ciel, moi, Marie, la première,

Prendre chair,
Dans la chair,
Dans ma chair, il a pris chair.
Il est la chair de ma chair,
Je suis la chair de sa chair
Il est le Christ et je suis sa sainte mère.

Indissociables combinaisons,
Que tous les deux nous formons,
Grain semé, abondante moisson.
Chair qui prend chair dans la chair,
Chair de ma chair
ainsi
nous deux, le Christ et moi, sa mèreen font la paire!
Avec Saint Joseph, fidèle gardien de ces deux chairs.

<u>**Haiti, tiens ta lampe allumée**</u>
<u>**Avec Marie, le Seigneur va te rebatir**</u>

Haïti, tiens ta lampe allumée, avec Marie le Seigneur va te rebâtir
Ton environnement délabré,
Tes rivières, tes sources séchées,
Tes arbres de force arrachés,
Tes montagnes dénudées,
Tes roses fanées
Haïti, tiens ta lampe allumée, avec Marie le Seigneur va te rebâtir

Ton or, ton trésor sabotés,
Tes richesses pillées,
Tes belles perles emportées,
Tes grottes saccagées,
Tes ressources gaspillées,
Haïti, tiens ta lampe allumée, avec Marie le Seigneur va te rebâtir.

Tes enfants méprisés,
Tes filles violées,
Ta dignité, ton honneur piétinés,
Tes fils et filles divisés,
Tes espoirs d'illusions inondées,
Ton peuple pataugé dans l'extrême pauvreté,
Haïti, tiens ta lampe allumée, avec Marie le Seigneur va te

rebâtir

Tes murs écroulés,
Tes édifices effondrés,
Ton cœur en mille morceaux déchiré,
Tes sentiers d'injustice et de haine parsemés,
Tes pas ralentis sur ces routes ravinées,
Tes aspirations comme un torrent terrassées,
Haïti, tiens ta lampe allumée, avec Marie le Seigneur va te rebâtir.

Sur tes plaies encore ouvertes il va verser de l'huile,
Il pansera tes blessures,
Te réchauffera avec la flamme de son amour,
Te rapportera ta dignité violée,
Te restituera ton honneur outrage,
Te fera revivre les délices de ton amour abuse.

Sur le parcours, devant toi, il se tiendra
Et sa lumière te guidera
Pour ne pas que tu te perdes;
Sois confiante Haïti !
Car ton Dieu viendra te reconstruire
Te refonder, te rebâtir,
Solidifier tes raciness,

Recoudre ta chair déchirée,
Recouvre de chair tes os desséchés,
Tu ne seras plus comme ce chat-huant
Hurlant à perdre haleine sur ce toit,
Car le Seigneur a entendu ta voix
Qui crie, qui interpelle, qui appel
Qui demande, qui implore, qui supplie.

Oui Haïti ! Tu ne ressembleras plus désormais
A ce que tu es aujourd'hui,
Un être rebuté, rejeté, méprisé, repoussé

Si fortement entre tes mains tu tiens ta lampe allumée
Le seigneur t'aidera à garder vivante sa flamme

Le souffle du vent aussi puissant soit-il ne saurait l'éteindre,
Tes ennemis aussi nombreux seront-ils ne sauraient la ravir

Oui Haïti ! Si en chemin tu ne bronches pas,
Si tu n'oses pas derrière jeter le moindre regard
Il viendra te refaire totalement,
Défaire tes nœuds,
T'affranchir de tes obstacles, de tes chaines,
Te faire sortir de cette cage d'où tu te tiens prisonnière
Depuis tant d'années,
Il te rendra libre comme l'oiseau
Vers les cieux de tout ton aile tu voleras à nouveau.

Haïti ! Haïti! Perle d'hier enfouie sous les cendres de l'infâmie
Réveilles-toi ! Mets-toi debout !
Alimente d'huile ta lampe séchée
Parce que souffrant de manque d'amour,
D'attention, de compréhension

Lève-toi Haïti ! L'époux est à la porte
Ce soir, il viendra partager avec toi son repas,
La table est déjà prête,
Les mets sont riches et succulents
Ce festin est dédié à toi, rien qu'à toi Haïti !

Terre pétrie,
Terre meurtrie,
Terre avilie,
Terre détruite,

Terre conquise qui a su conquérir le cœur
De Dieu le père qui à son goût t'a créée,
Car tu es sa fille adorée,
La perle de ses yeux.
Réveilles –toi ! De ce long sommeil
Mets-toi debout !
Ne te laisse pas faire,
Ne te laisse pas vaincre,
Ne te laisse pas abattre,
Gardes espoir,

Gardes foi,
Rhabilles-toi !
Refais ton visage,
Retouche ton maquillage.

En toi la promesse de Dieu s'accomplira
Crois, et tu verras
Qu'éclatera devant ta face Sa gloire.
Crois, et tu seras entièrement renouvelée,
Ta maison respirera le Bonheur.
Sur tes mornes refleuriront l'espoir,
La joie resplendira sur le visage de tes enfants.

Oui Haïti ! Chère patrie, mère chérie,
Tiens, tiens fortement ta lampe allumée,
avec Marie, Saint Joseph et tous les saints,
Le Seigneur, ton Dieu, aux yeux du monde, va te rebâtir.

<u>**Avec Saint Joseph et Marie**</u>

Tentations,
Hallucinations,
Divagations,
Emotions,
Passions,
Illusions,
Desillusions,
Où en sommes-nous au milieu de tout cela,
toi et moi, humains dans ce bas monde?
Où tout d'un seul coup nous tombe dessus à la seconde.

Avec Joseph modèle de silence
Et la Vierge Marie qui passait son temps à méditer dans le silence.
Dans nos matins, nos nuits
essayons malgré tout cela, avec eux de continuer à faire la ronde
Dans ce bas monde.

Déceptions,
Persécutions,
Exclusion,
Frustration,
Deraison,
Ces poisons!
Des reflexions,
Des opinions,
Des conventions,
Des manifestations,
Révolutions!
Quelles en sont les solutions?

Dans tout cela,
Où en sommes-nous, toi et moi
Dans ce bas monde?
Sur nos têtes, tonnerres qui grondent!
Saint Joseph et Marie étaient, il fut un temps de ce monde,
Grâce parait-il qui surabonde!
Là où le mal à grande vitesse abonde.

essayons malgré tout de continuer à faire la ronde, avec eux
Dans ce bas monde.

Malversations,
Corruption,
Des remises en questions,
Des choix d'options
Des équations,
La division,
Des centaines de questions,
Des points d'interrogations,
Des affirmations,

Où en sommes-nous, toi et moi, humains?
Présent, Passé; le future c'est demain,
Ces demains, ces lendemains incertains.
Demandons à Joseph et Marie sur ce long chemin
Où nous portons notre croix
De fortement nous tenir la main.

Discussions,
Religions,
opinions
Confessions,
Actions,
Excitations,
Citations,
Recitations,
Oraisons,
Des situations,
Manque de foi, de raisons
Et le monde est là, ce monde qui se tue partout, en cet instant même à
Gaza!
Réalité bien réelle, située en face de nous, à deux pas
De notre vacillante et branlante foi.
Saint Joseph et Marie ont malgré tout ça
gardé la foi,
Qu'en est-il frères et soeurs de toi et moi?

<u>Dans le coffret de ton Coeur</u>

Saint Joseph, père nourricier du fils de Dieu,
Toi le gardien de cette famille en tout lieu,
Vaillant défenseur, infatigable travailleur,
Appelé pour cette mission, tu as repondu, tu n'as point eu peur.

Toi qui avec Marie tout le temps priaient,
Et dans le temple pour adorer le maitre, montaient,
Accompagner du petit Jesus que tu tenais par la main,
Toi qui a été choisi pour les garder, et d'eux en prendre soin,

Tu faisais de ton métier de charpentier ta passion,
Tu nourrrissais cette famille avec ce que tu gagnais de ta profession,
Et Marie, docile et disponible, qui était là à tout partager avec toi.

Dans ce monde où tout semble disparaitre sous nos yeux,
Jettes sur nous un compatissant regard, pries pour nous le Dieu des cieux
Portes-nous bien cacher dans le coffret de ton Coeur.

<u>**Tout par amour**</u>

Tout par amour pour le Christ
Tout par amour pour ton adoptif fils
Tout par amour pour Marie qui te sourit
Tout par amour pour partager la vie!

Tout risquer, tout compris,
Ce Coeur de mère de Dieu que tu as conquis,
Petit Joseph, parait-il obeissant dans ton jeune âge,
Ces secrets que tu portais dans ton sac, dans tes bagages.

Qu'est ce que tu rêvais à la fin de devenir?
Quels étaient ton souhait, tes aspirations, tes désirs?
A Nazareth sur Marie tu as baissé les yeux,
Et Dieu t'a ouvert bien grandes les écluses des cieux.

<u>Fils de David</u>

Saint Joseph, fils de David,
Viens nous apporter ton aide, remplis nos vides,
Fais disparaitre sur nos visages nos rides,
Toi homme de Dieu, doté d'une foi solide.

Saint Joseph, toi le charpentier
Tu taillais le bois, c'était ton métier
Homme de silence, choisi le premier
Pour épouser la Sainte Vierge, l'immaculé

La toucher tu n'en avais pas le droit,
L'ange qui t'a parlé cette nuit là,
Te rassurais de tout cela et tu as accepté tout ça,
Dans le silence de ta foi.

D'autres textes

<u>**la vie dans l'au-delà**</u>

Je gratte ma guitare
À la mémoire de ces gens-là,
Qui ne sont plus là,
Qui ne respirent plus,
Qui ne vivent plus ici-bas.

Je fredonne, je chante,
De toutes mes forces
À perdre haleine,
À perdre voix,
Une chanson d'espoir
À la mémoire de ces morts
Partis vers l'au-delà.

L'au-delà de la vie où la vie
Telle que Dieu l'a promis
Sourit encore,
Vit encore,
Respire encore,
Danse encore,
Chante encore,
Fleurit encore,

En cet endroit que ceux qui vivent ici-bas
Ne connaissent pas encore,
Seuls ceux qui ont fait le voyage
En savent quelque chose,
En ce lieu où pour beaucoup
Redevenir vivant sur terre encore une autre fois
Ne se discute pas,
Ne se négocie pas.
Une entreprise bien difficile,
Une fatale inspiration.

Ceux qui sont déjà morts,
Et pour certains d'entre eux, qui sont revenus à la vie
Nous en fait le récit de leur expérience
Pour nous dire en des mots

Que personne n'a jamais entendu,
Ce qui se passe,
Ce qui se fait,
Ce qui se dit,
De l'autre côté de la frontière,
De l'autre côté de la barre,
De l'autre côté de la voile,
Où rien ne se dévoile,
Aux yeux des hommes qui vivent ici-bas.

Et qui osera nous dévoiler
Tous les secrets de la vie,
Ses mystères, ses révères
Les goûts de l'existence,
Sucrés, amères, salés soient-ils?
Tout cela, seul Dieu le sait,
Lui seul peut relever ces grands défis,
Ces grands défis de la vie
Avec ses mystères et ses révères.

Mais moi, je prends le goût de chanter,
De fredonner cette chanson à la mémoire,
De tous ces morts
Qui sont partis vers l'au-delà,
L'au-delà de la vie où la vie
Telle que Dieu l'a promis
Sourit encore,
Vit encore,
Respire encore,
Danse encore,
Chante encore,
Fleurit encore.

(texte dédié à Lilianne Pierre Paul, une brillante journaliste et à Boniface
Alexandre, mon ancien professeur de droit civil à la Faculté)

Ceux qui en profitent

Tempête, ouragan, vent violent
Les rivières sont en crue
Les vagues de la mer montent
Les maisons sont inondées
Le peuple crie, a l'aide!
L'aide en nature ou en espèce vient
Sans hesiter ils en profitent
Ils en profitent
À la va vite
On dirait des renards en eveil
Avec des yeux roublard qui surveillent

Ces profiteurs de malheurs!
Ces dilapidateurs, ces rongeurs
Ces voleurs qui volent, qui cassent
Ces escroqueurs qui ramassent
On en a marre! marre! marre!!!
Que le ciel nous entendent
Et vient a notre secours

Cyclone, pluie torrentielle, tremblement de terre
Ils sont là encore une fois
Guettant l'aide a chaque fois
Ramassent! ramassent! et point ne se lassent
Ces demons de l'enfer!
Ces partisans de lucifer!
Ils stoquent, empilent, pillent,
Engoufrent sous des tentes
Dans des endroits preparés pour ça
Des milliers de tonnes
Ils croient qu'ils n'ont point de compte a rendre a personne
Gare! gare! gare à vous!
Raqueteurs,voleurs, malfaiteurs
Remplissez vos tentes, vos greniers
Vos dépots, vos entrepots

Il semblerait que pour commettre de telles actions malhonnetes
vous n'aviez jamais eu chaud
Profitez! profitez! bien de vos biens mal acquis
Buvez! buvez! a votre sante toute votre vie
Et surtout ne vous inquietez pas
Vos sentences sont là
Vous qui n'avez point eu de sang froid
A ramasser l'aide et les millions
Sur le dos d'un peuple en agonie
A signer des papiers au nom de la nation

Si du malheur de ces millions d'haïtiens
Vous faite vos beurres
Attendez! attendez! que pour vous un jour sonnera l'heure
Ou vous allez rendre compte a Dieu de tous vos horreurs
Qui font plus de peine, plus de mal au peuple
Que toutes catastrophes naturelles connues
Qui jusqu'ici l'ont frappé a perdre vue
Avant qu'il ne soit trop tard
Convertissez-vous! convertissez-vous!
Changez vos cœurs! changez vos cœurs!
Bande de profiteurs de malheurs.

More
Books!

info@omniscriptum.com
www.omniscriptum.com
OMNIScriptum